수에 얽힌 재미있는 이야기

4는 동양에서 불길한 수,
6은 서양에서 불길한 수로 통해요.
왜 그럴까요?
유럽에서는 0층이 1층이라고요?
볼링 핀이 10개인 까닭은 무엇일까요?
지금부터 숫자가 어떤 흥미로운 비밀을
갖고 있는지 알아보아요.

추천·감수 권치순

서울대학교에서 과학교육과와 동 대학원을 마치고, 연세대학교에서 박사 학위를 받았습니다. 한국교육개발원에서 책임연구원(과학교육연구실장)으로 있으면서 우리나라 초·중·고등학교 과학 교육과정과 교과서를 연구·개발하였고, 지금은 서울교육대학교 과학교육과 교수(학과장)로 재직 중입니다. 서울교육대학교 과학영재교육원장을 역임하였고, 2007년 개정 교육과정에 따른 초등학교 3~4학년 차세대 과학 교과서 집필 책임자로 일하고 있습니다. 최근에 지은 책으로 〈창의적 문제 해결력을 키워라〉, 〈탐구 활동을 통한 과학 교수법〉, 〈지구과학 교육론〉, 〈지구과학 교수 학습론〉 등이 있습니다.

추천·감수 김택민

고려대학교 문과대학 사학과를 졸업하였으며, 동 대학원에서 박사 학위를 받았습니다. 현재 고려대학교 사범대학 역사교육과 교수로 재직 중입니다. 위진수당사학회 회장 및 동양사학회 간사를 역임하였으며, 현재는 동양사학회 회장으로 활동하고 있습니다. 지은 책으로는 〈3000년 중국 역사의 어두운 그림자〉, 〈중국 토지경제사 연구〉, 〈동양법의 일반 원칙〉, 〈역주당육전 상·중·하〉 등이 있습니다.

글 정아영

서울에서 태어나 동국대학교 사회학과를 졸업했습니다. MBC 〈성공 시대〉 작가로 활동했으며, 지금은 어린이에게 유익한 책을 쓰고 있습니다. 지은 책으로 〈우등생이 궁금해하는 101가지〉, 〈솔로몬의 지혜 법정〉, 〈난 궁금해〉 등이 있습니다.

그림 신경란

프리랜스 일러스트레이터로 활동하고 있습니다. 그린 책으로 〈하워드의 엉뚱한 날씨 이야기〉, 〈개똥이 이야기〉, 〈토끼의 재판〉, 〈우람이와 홍길동 인형〉, 〈견우와 직녀〉 등이 있습니다.

EQ 휴먼 파워
43 | 수와 기호 – 4는 죽음, 7은 행운?

총기획 및 발행인 박연환
발 행 처 한국톨스토이
출판등록 제406-2008-000061호
본　　사 경기도 성남시 분당구 금곡동 444-148 한국헤르만헤세 빌딩
대표전화 (031)715-7722
팩　　스 (031)786-1100
고객문의 080-470-7722, www.tolstoi-book.co.kr
편　집 백영민, 박형희, 송정호, 오은석
디 자 인 박미경, 김재욱, 박은경

이 책의 저작권은 한국톨스토이에 있습니다.
본사의 동의나 허락 없이는 어떠한 방법으로도 내용이나 그림을 사용할 수 없습니다.

△ 주의 : 본 교재를 던지거나 떨어뜨리면 다칠 우려가 있으니 주의하십시오.
고온 다습한 장소나 직사광선이 닿는 장소에는 보관을 피해 주십시오.

EQ 휴먼 파워 43 | 수와 기호

4는 죽음, 7은 행운?

글 정아영 | 그림 신경란

한국톨스토이

이집트 사람이 사용한 그림 숫자

지금으로부터 6,000년 전, 수메르 사람들이 티그리스와
유프라테스 강 사이인 메소포타미아에 살고 있었어요.
수메르 사람들은 신전을 짓고,
풍요와 행복을 비는 제사 준비를 했어요.
"제사를 지낼 소를 많이 준비하라!"
그런데 소를 헤아리던 사람들은 고민에 빠졌어요.
"이 많은 소를 어떻게 다 표시하지?"
아라비아 숫자가 생기기 전이었거든요.
그때 한 사람이 방법을 생각해 냈어요.

아유, 몇 마리까지 표시했지? ∨ 자가 너무 많아 헷갈리네.

"소 한 마리에
쇠뿔 모양인 ∨ 자 표시를 하지 뭐."
그래서 소가 더해질 때마다
∨ 자를 그려 넣었어요.
"그런데 ∨가 많아지니까 헷갈리는걸."
수메르 사람들은 다시 궁리했어요.
"10마리가 될 때마다 ∨를 옆으로
눕혀 표시하면 어떨까?"
"<, 이렇게? 그거 좋은 생각이군."
< 표시가 둘, ∨표시가 셋이면
23마리란 걸 알 수 있었지요.

아하! 열 마리째는
누워 있는 모양대로
표시하면 되겠군!

그 뒤 이집트 사람들도 숫자를 만들었어요.
막대기 모양인 ㅣ를
'일(1)'이라고 불렀지요.
지금의 숫자 1과 비슷하죠?

이것이 일이야.

1부터 9까지는 막대기를 하나씩 늘렸어요.
이집트 사람들은 막대기가 많아져서
헷갈리게 되자, 10이 되면
둥근 말굽 모양(∩)으로 나타냈지요.

내 발굽 모양이
10이었어!

100(백)은 지팡이 모양으로 나타냈어요.

아이고, 허리야!
이 지팡이가 아주 쓸모 있는
물건이었어.

1,000(천)은 이집트 나일 강가에 핀 수많은
연꽃을 본떠서 나타냈어요.

내 모습, 예쁘죠?

10,000(만)은 손가락,
100,000(십만)은 올챙이를 본떠서 표시했어요.
강가에서 헤엄치는 수많은 올챙이만큼 많다고
여겨지는 수가 그들에겐 10만이었나 봐요.

그리고 1,000,000(백만)은 밤하늘의
무수히 많은 별을 보고 놀라는 사람을
본떠 만들었어요.

고대 이집트 사람들의 상상력이 참 재미있죠?
참, 고대 이집트 사람들은 오른쪽에서 왼쪽으로
글씨를 썼다는군요. 여기서 잠깐, 퀴즈!
145는 이집트 상형 문자로 어떻게 표기했을까요?

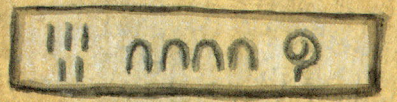

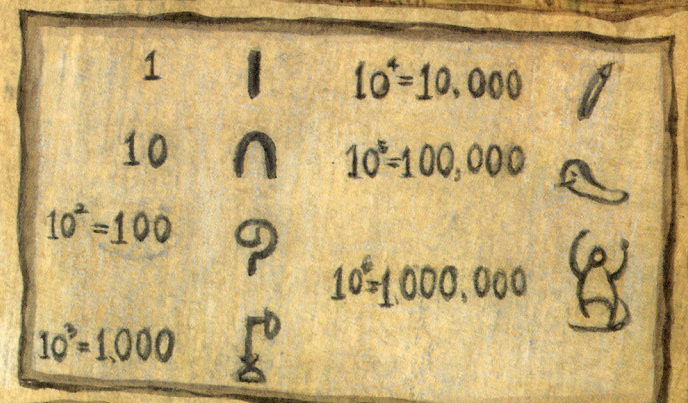

아라비아 숫자

우리가 지금 쓰고 있는 1, 2, 3, 4, …… 0과 같은 숫자를 '아라비아 숫자'라고 해요. 이 기호는 약 1,400~1,500년 전에 인도에서 만들어졌어요. 이 숫자가 유럽에 알려진 뒤부터 숫자를 세는 방법이 아주 편리해졌고, 유럽의 수학도 발달하게 되었답니다. 인도에서 쓰이던 이 숫자가 왜 아라비아 숫자냐고요? 그것은 아라비아 상인들이 유럽에 전해 주었기 때문입니다.

2008년 8월 8일 8시의 비밀

베이징 올림픽은 2008년 8월 8일에 열렸어요.
개막식이 열린 것은 2008년 8월 8일 오후 8시였답니다.
'8'이 무려 4개나 있는 게 눈에 확 띄지요?
중국은 왜 시간을 8에 맞추었을까요?
중국에서는 '8'이 행운을 가져다주는 숫자이기 때문이랍니다.
8(八)은 '돈을 벌다.'라는 뜻을 가진 '필 발(發)'과 발음이 비슷해요.
중국에서는 8이 중복되는 전화번호나 자동차 번호를 돈 주고 산대요.
1988년 8월 8일은 1888년 이후 100년 만에 맞이하는 행운의 날이라,
결혼하려는 사람들이 예식장에 줄을 서서 기다려야 했답니다.

우리나라는 39,900원이나 990원으로 붙여진
가격표가 많지요?
40,000원이나 1,000원보다 싼 것처럼 보이려는 것이지요.
그런데 중국에서는 888위안처럼 8로 끝나는 가격표가 흔하답니다.
우리나라보다 더 싸게 보이려고 그러는 거냐고요?
싸게 보이려는 이유도 있겠지만, 깎지 않게 하려는 거랍니다.
중국인들은 '8'이라는 숫자가 행운을 가져다주므로
깎지 않고 산다고 해요.
그렇다면 중국 사람들이 싫어하는 숫자는 무엇일까요?
중국은 한자를 쓰는 나라라서 우리나라와 같이 '4'를 싫어해요.
4(四)의 발음이 '죽을 사(死)'와 같기 때문이에요.

중국 사람이 생각하는 숫자의 비밀

'一(일)'은 중국 사람이 옛날부터 중요하게 생각한 숫자로, 모든 숫자의 시작으로 여겼어요. 一은 모든 사물의 기초라고 생각했지요. '二(이)'는 짝수 중에서 가장 먼저 시작하는 숫자로, '8'과 마찬가지로 행운의 숫자로 여기지요. '五(오)'는 중국 사람이 가장 신비롭게 여기는 숫자예요. '十(십)'은 '많다, 가득하다'는 의미로 아름다운 숫자로 여기고 있답니다.

수학의 왕, 가우스

18세기 독일의 한 초등학교 1학년 교실에서 있었던 일이에요.
선생님이 칠판에 '1부터 100까지 모두 더하라.'는 문제를 적었어요.
'한참 걸릴 테니, 나는 의자에 앉아서 좀 쉬자.'
그런데 5분도 안 되었을 때, 한 학생이 다 풀었다며 말했어요.
"선생님, 모두 더하면 5,050입니다!"
"내가 풀어도 5분은 넘게 걸릴 텐데, 벌써 풀었다고?"
선생님은 못마땅한 표정으로 1부터 100까지 더해 갔어요.
'어찌 된 일이지, 정말로 5,050이잖아?'
선생님이 고개를 갸웃하며 물었어요.
"집에서 이 문제를 풀어 본 적 있니?"
"아니요, 처음 풀었지만 아주 간단해요."

무슨 수로 저 문제를 풀지?

학생은 자기가 풀었던 방법을 설명했어요.
"처음에 있는 1과 마지막 100을 더하면 101이에요.
(1+100=101)
두 번째 2와 마지막에서 두 번째인 99를 더해도 101이지요.
(2+99=101)
세 번째 숫자도 마찬가지예요.
(3+98=101)
이런 식으로 둘씩 더하면 101이 모두 50개잖아요.
그러니까 1부터 100까지 숫자의 합은 101×50 = 5,050이지요."
선생님은 감탄하며 고개를 끄덕였어요.
이 문제를 푼 학생이 바로 독일의 천재 수학자 가우스예요.
가운데 숫자를 중심으로 둘로 나누어 규칙적으로 나열된 숫자를 계산하는 방법을 '가우스 계산법'이라고 부른답니다.

숫자 4에 숨겨진 불운과 행운

'어, 4층은 왜 없지? 1, 2, 3 다음은 F(에프)네.'
문병을 가느라 엘리베이터를 탄 사람이 깜짝 놀랐어요.
병원, 호텔 등 큰 빌딩 엘리베이터에서 흔히 보는 일이지요.
왜 '4'를 쓰지 않고 F라고 표시했을까요?
중국처럼 우리도 '죽을 사(死)'와 발음이 같다고 4를 불길하게 여겼어요.
그래서 영어로 4인 Four의 첫 글자 F로 표시해요.
하지만 4가 꼭 불길한 숫자는 아니랍니다.
고대 그리스에서는 4를 성스러운 숫자로 여겼어요.
1, 2, 3, 4를 모두 더하면 완전한 수인 10이 된다며 좋아했어요.

독일의 한 황제는 모든 생활을 '4'에 맞추라고 했답니다.
"하루 식사를 네 끼로 하고, 왕관에 네 개의 뿔을 만들며
마차도 네 마리의 말이 끌도록 해라!"
카를 4세가 자신의 이름에 '4'가 있어 그리 명령한 거랍니다.

유럽에서는 0층이 1층?

'0층?'
유럽 여행을 처음 간 사람이라면 고개를 갸웃할 거예요.
프랑스나 영국은 엘리베이터에 0층이라고 표시된 곳이 있거든요.
우리나라에 없는 0층은 도대체 어디를 가리키는 걸까요?
유럽에서 0층은 바로 우리나라의 1층이랍니다.
옛날 유럽의 집은 지금과 같은 빌딩 형식이었어요.
맨 아래층을 하인들의 숙소나 창고로 사용하고,
집주인은 그 위의 층들을 사용했지요.
그래서 그들에게 1층은 맨 아래층이 아닌 그 위층이에요.
현재 유럽에서는 0층을 '0'이라고 표시하기도 하고,
빌딩에서 가장 바닥(basement)이 되는 부분이라 'B'로 표시하기도 하고,
땅(ground)이라는 뜻으로 'G'라고 표시하기도 한답니다.
유럽에 가면 엉뚱한 곳으로 가지 않게 조심하세요!

침대와 온돌 문화

침대 문화가 발달한 서양 사람들은 건물을 지을 때 1층은 '층'의 역할을 하지 못한다고 생각했어요. 하지만 동양 사람들은 흙과 가까운 곳에 몸을 두고 살면 건강해진다고 믿었어요. 특히 우리나라의 온돌은 세계인들이 최고의 발명품이라고 칭찬할 만큼 훌륭한 문화랍니다.

로켓의 폭을 말 엉덩이로 쟀다고?

과학에 관심이 있다면 이런 생각이 들 수도 있을 거예요.
"로켓이 지금보다 좁으면 더 빠르게 날아가지 않을까?"
로켓의 폭은 사실 말의 엉덩이 크기에서 나왔답니다.
정확해야 할 로켓의 폭을 말 엉덩이에 맞췄다는 게 믿어지나요?
로켓을 만들어 발사대까지 옮길 때 기차를 이용했대요.
터널을 지나가야 하니, 결국 철도의 폭에 맞췄답니다.
물론 미국은 영국과 같았고, 영국 철도의 폭은 마차의 폭이었어요.
옛날 로마에서 온 검투사들이 끌던 마차의 바퀴자국을 보고
그것에 맞춰 영국은 마차를 만든 거예요.

로마 검투사들이 끌던 마차는 말 두 마리가 끌었어요.
결국 마차, 철도, 로켓의 폭은 모두 말 두 마리의
엉덩이 크기로 약 1.5미터가 되었다고 해요.
거꾸로 정리해 볼까요?
로마의 마차는 말의 엉덩이 크기에 맞추고,
영국의 마차는 로마의 마차를 따라 만들고,
영국의 기차는 마차의 폭에 맞춰서 만들고,
미국의 철도는 영국의 철도를 따라 만들고,
미국의 로켓은 미국의 철도 폭에 맞춰 만들고……
결국 최첨단 과학 기술로 미국 우주 역사의 자랑인
로켓의 규격이 수천 년 전 로마의 말 엉덩이를
기준으로 설계되었다고 하니, 이것 참 재미있지 않아요?

세계 최초의 로켓

세계 최초로 로켓을 만든 나라는 중국이에요. 중국은 1232년 '비화창'이라는 로켓을 발명했어요. '비화창'은 불을 붙여서 날아가는 창을 말해요. 창이나 칼을 단 긴 화살에 대나무 통을 달고, 그 통에 화약을 다져 넣은 뒤 불을 붙여 발사하면 힘차게 앞으로 날아가지요. 이 로켓은 몽골이 유럽을 침략했을 때 유럽에 전해졌답니다.

17마리 낙타 이야기

옛날 이집트에 낙타를 기르는 노인이 살았어요.
노인의 세 아들은 늘 다투고 사이가 좋지 않았어요.
노인은 아들들이 사이좋게 지내기를 바라며 유언을 해 두었어요.
"너희 셋은 내가 죽어도 항상 서로 도우며 사이좋게 지내라.
내가 낙타를 17마리 남겨 둘 테니, 절반은 큰아들이 가져라.
둘째는 3분의 1, 막내는 9분의 1을 갖도록 해라."
마침내 노인이 숨을 거두었어요.
그런데 17마리의 낙타를 유언대로 나누려니 문제가 되었어요.
"절반이면 8.5마리니까, 한 마리는 죽여서 나눠야겠구나."
"안 돼. 낙타를 어떻게 죽여."
낙타를 사랑한 막내의 반대로 낙타를 죽일 수 없었어요.
'사이좋게 지내라.'는 유언이 있으니 싸울 수도 없었답니다.

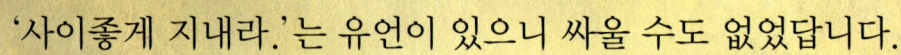

이 소문을 들은 한 소년이 낙타를 타고 찾아왔어요.
"제가 낙타를 한 마리 드리면 쉽게 해결될 거예요."
그러자 큰아들이 말했어요.
"우리가 어떻게 네 낙타를 받겠니? 말은 고맙지만 우리가 해결해 볼게."
하지만 세 아들이 17마리를 사이좋게 나눠 갖는 방법은 없었어요.
결국 큰아들은 소년에게서 낙타 한 마리를 받고서 셈을 했어요.
낙타가 18마리가 되자, 그중 절반인 9마리는 자신이 갖고,
3분의 1인 6마리는 둘째, 9분의 1인 2마리는 막내가 가졌어요.
나눠 가진 낙타는 모두 9+6+2=17마리.
소년에게 받은 한 마리는 그대로 남았지요.
세 아들은 아버지의 유언대로 낙타를 사이좋게 나눠 갖고,
한 마리를 소년에게 돌려주었답니다.

낙타를 죽이지 않아 정말 다행이야!

악마의 수, 6에서 벗어나세요!

"나는 '4'는 싫고 '6'이 좋아."
이렇게 말했다면 동양 사람일 거예요.
서양에서는 '6'을 불완전한 수라며 싫어하거든요.
숫자 6에 대한 이야기는 성경에 자주 나온답니다.
'하느님은 엿새 동안 세상 만물을 만들고, 일곱째 날은 쉬었지요.'
그래서 기독교에서 '7'은 완전한 수이고,
하나 모자란 '6'은 불완전함을 뜻한답니다.
숫자 6을 부정적으로 생각하는 것은 〈요한계시록〉에도 나와요.
인류의 멸망을 예언하는 〈요한계시록〉에는
'6'의 표식을 가진 사람은 구원받지 못한다고 씌어 있답니다.

벌집은 왜 육각형일까?

육각형으로 촘촘히 짜인 벌집을 보면 누구나 감탄하지요.
"정교한 모양 좀 봐. 마치 솜씨 좋은 목수의 작품 같아!"
"그런데 왜 벌집은 모두 육각형일까? 무슨 비밀이라도 있나?"
비밀은 경제적인 살림살이를 하려는 벌의 지혜에 있답니다.

몇 가지 규칙적인 모양을 붙여 공간을 만들어 보면
벌의 경제적이고 수학적인 지혜에 놀랄 거예요.
같은 넓이의 도형을 만들면 삼각형보다는 사각형,
사각형보다는 육각형이 재료가 덜 든답니다.
변이 많으면, 그러니까 원에 가까울수록 재료가 덜 들지요.

그렇다면 왜 원이 아닌 육각형으로 만들었을까요?
여러 개의 원을 이어 붙이면 빈 공간이 많이 생긴답니다.
벌들은 이 공간마저 놓치고 싶지 않았던 거예요.
또 사각형은 육각형에 비해 그다지 튼튼하지 못해요.
사각형은 한쪽에서 밀면 쉽게 밀리므로
바람이 불면 꿀이나 알이 흘러내리겠지요.
그러니 육각형을 선택한 벌이야말로 곤충계의 수재랍니다.
벌집의 벽은 두께가 0.1밀리미터밖에 안 돼요.
그렇게 얇고 매끄러운데 벌집 무게의 30배 정도 되는
꿀을 저장할 수 있다니 얼마나 튼튼한지 알 수 있지요.
집 짓는 솜씨는 어느 목수나 기술자보다 높은 셈이에요.

13의 징크스

"13은 안 돼. 하나 빼든 하나 더하여 불길한 수는 피하자!"
서양에서 13을 싫어하는 데는 나쁜 이야기가 많기 때문이에요.
먼저 〈최후의 만찬〉에서 예수를 팔아넘긴 유다가 있어요.
유다가 13번째 도착했기에 기독교에서는 13을 배반의 수로 여겨요.
프랑스 국민들도 13을 두려워해요. 국왕 필리프 4세가 교황과 짜고서
수많은 기사를 잔인하게 고문하고 화형에 처한 날이
1307년 10월 13일이었거든요.
영국도 13을 불길한 숫자라고 무서워했답니다.
17세기 흑사병으로 런던 시민 46만 명 중 7만 명 이상이
목숨을 잃었을 때, 정부가 13명당 1명이 죽었다고
발표한 때문이지요.

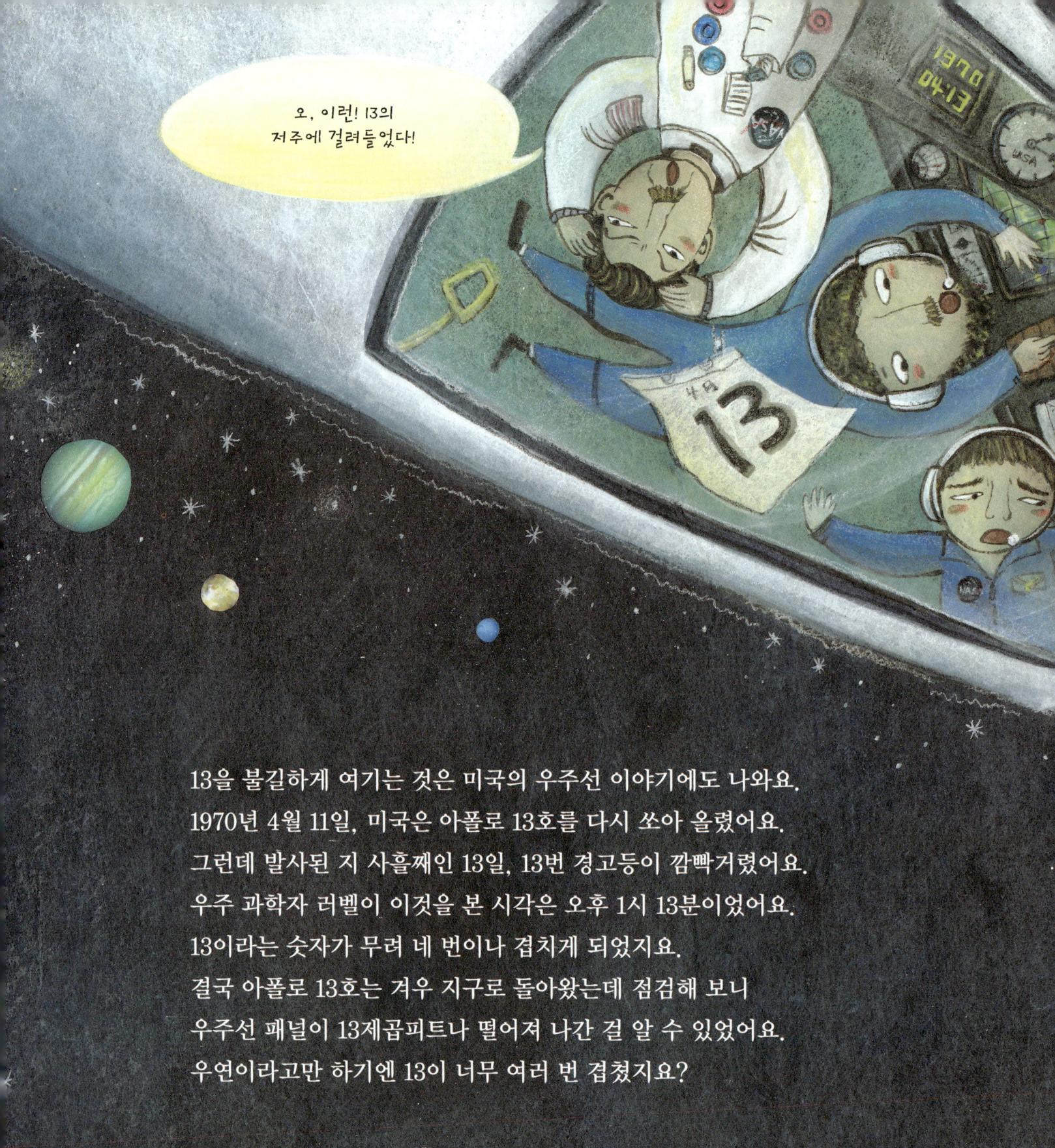

13을 불길하게 여기는 것은 미국의 우주선 이야기에도 나와요.
1970년 4월 11일, 미국은 아폴로 13호를 다시 쏘아 올렸어요.
그런데 발사된 지 사흘째인 13일, 13번 경고등이 깜빡거렸어요.
우주 과학자 러벨이 이것을 본 시각은 오후 1시 13분이었어요.
13이라는 숫자가 무려 네 번이나 겹치게 되었지요.
결국 아폴로 13호는 겨우 지구로 돌아왔는데 점검해 보니
우주선 패널이 13제곱피트나 떨어져 나간 걸 알 수 있었어요.
우연이라고만 하기엔 13이 너무 여러 번 겹쳤지요?

그렇다고 나쁜 생각에만 매달릴 필요는 없겠지요?
합리적인 사람은 징크스를 깨서
불길한 생각을 떨치고 좋은 결과를 만든답니다.
미국은 13개 주로 나라를 세웠고,
미국을 잘 이끌어 간 윌슨 대통령은 13을 아주 좋아해
국제회의에서 13번째 좌석에 앉곤 했으니까요.

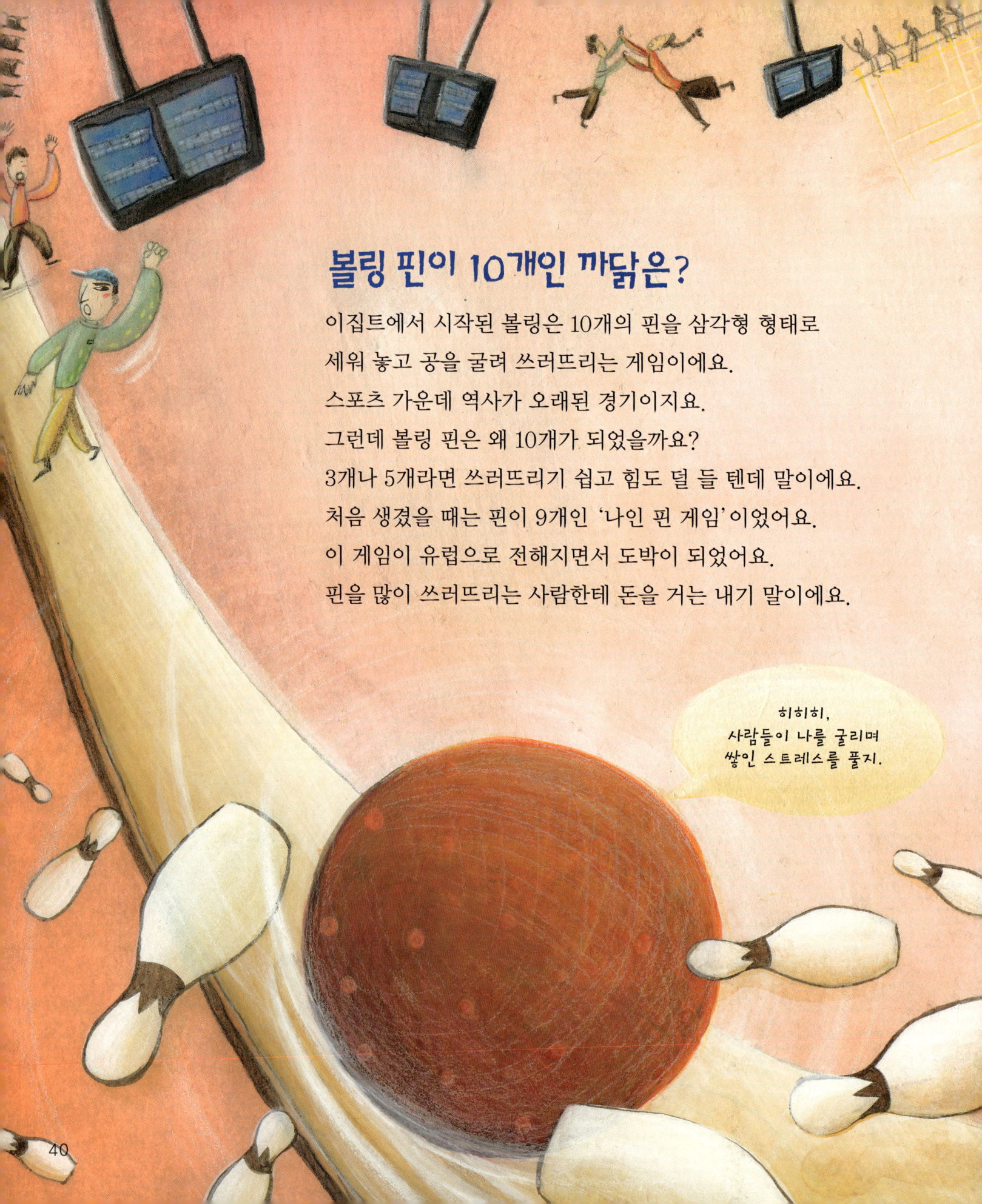

볼링 핀이 10개인 까닭은?

이집트에서 시작된 볼링은 10개의 핀을 삼각형 형태로
세워 놓고 공을 굴려 쓰러뜨리는 게임이에요.
스포츠 가운데 역사가 오래된 경기이지요.
그런데 볼링 핀은 왜 10개가 되었을까요?
3개나 5개라면 쓰러뜨리기 쉽고 힘도 덜 들 텐데 말이에요.
처음 생겼을 때는 핀이 9개인 '나인 핀 게임'이었어요.
이 게임이 유럽으로 전해지면서 도박이 되었어요.
핀을 많이 쓰러뜨리는 사람한테 돈을 거는 내기 말이에요.

히히히,
사람들이 나를 굴리며
쌓인 스트레스를 풀지.

헤헤, 나를 골린 놈들을 볼링 핀이라 생각하자!

도박이 심해지자,
미국에서는 나인 핀 게임을 금지시켰어요.
그래도 재미를 붙인 사람들은 몰래 하고 싶었지요.
이때 누군가 잔꾀를 냈어요.
"볼링 핀을 10개로 하자.
그러면 나인 핀 게임이 아니잖아."
법을 어기지 않고 즐기려는 아이디어를 낸 거예요.
이때부터 볼링 핀은 10개가 되었답니다.

아유, 공이 내게 올까 봐 떨려.

도대체 누가 이런 게임을 만든 거야? 공에 맞아 넘어지면 얼마나 아픈데……

수와 수학 기호에 대해 알아볼까요?

0을 만든 나라는 어디일까요? 수에는 어떤 종류가 있을까요? 구구단은 언제부터 만들어 썼을까요? +, -, ×, ÷ 같은 수학 기호는 누가 만들어 낸 걸까요? 수와 수학 기호의 역사 속으로 함께 들어가 보아요.

0은 어떻게 만들어졌나요?

약 2000년 전 인도에서는 수평 또는 수직으로 적당한 개수의 선을 그어 수를 표시했어요. 1은 '-', 2는 '=', 3은 '≡'이라고 표시했지요. 그러다 마른 나뭇잎이나 나무껍질에 글을 쓰기 시작하며 점차 숫자의 모양이 변했어요. =는 Z가 됐고 ≡은 Ƶ가 됐답니다.
그런데 이때에도 0을 가리키는 숫자가 없었어요.
0의 자리를 비우거나 다른 기호로 표시해서 썼지요.
예를 들어 202라는 숫자를 쓸 때에는 한 칸을 띄어 Z Z라고 썼어요.
그러던 어느 날, 한 사람이 처음으로 비어 있는 칸을 표시하기 위해 점을 사용했어요.
22는 ZZ로, 202는 Z.Z로 표시했답니다. 이 점 표시가 나중에 숫자 0으로 발전했다고 해요.

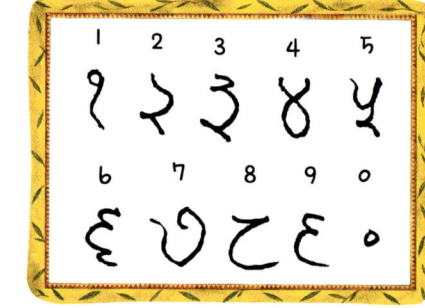

▲ 9세기경에 쓰인 인도 숫자

수에도 종류가 있다고요?

자연수는 1부터 시작하는 수로 2, 3, 4, 5로 점점 크기를 더해 가요. 음수는 0보다 작은 수예요. -1, -2, -3 등이 음수랍니다. 정수는 자연수와 음수, 그리고 0을 합한 수랍니다.
유리수는 정수와 분수로 표시할 수 있는 수를 말해요. 분수는 전체에 대한 부분을 나타내는 수예요. 소수는 0과 1사이의 수로, 1의 자리보다 작은 자릿값을 가진 수예요.

구구단은 누가 만들었나요?

서양에서는 고대 그리스 시대 사람들이 곱셈표를 '피타고라스 표'라고 불렀는데, 이 곱셈표는 5단까지만 있었다고 해요. 동양에서는 중국 한나라에서 9단까지 구구단 곱셈표를 사용했다고 해요. 돈황에서 나온 〈구장산술〉에서 그 모습을 확인할 수 있지요. 우리나라에는 1200여 년 전에 중국에서 구구단이 전해졌어요.

수학 기호는 누가 만들었나요?

수학 기호는 수학에서 쓰는 기호예요. 수학 기호가 있으면 계산을 훨씬 쉽고 간결하게 할 수 있답니다.

대표적인 수학 기호로는 사칙 연산의 + (더하기표), − (빼기표), × (곱하기표), ÷ (나누기표) 등이 있어요. 이 중 +는 13세기경 이탈리아의 수학자인 레오나르도 피사노가 7 더하기 8을 '7 et 8'이라고 쓴데서 비롯되었다고 해요. et(에토)는 '그리고', '또는'이라는 뜻을 가진 라틴 어예요. et에서 e를 빼어 +로 만든 거예요.
−는 15세기 독일의 수학자 비트만이 '모자란다'는 라틴 어 minus의 약자 −m에서 −만 따서 쓰며 생겨났다고 해요.
+와 −를 널리 알린 사람은 16세기 프랑스의 수학자 비에타예요. '대수학의 아버지'라 불린답니다.
×는 17세기 영국의 수학자 오트레드가 1631년 〈수학의 열쇠〉라는 책에서 처음 곱하기의 의미로 쓰며 알려지게 되었어요. ÷는 17세기 스위스의 수학자 하인리히 란이 만들었어요.

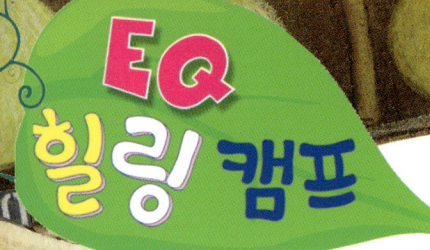

세계의 놀라운 수학자들 이야기

페르마가 남긴 '마지막 정리'가 한 사람의 생명을 살려 낸 사연은 무엇일까요? 21세기 수학사에 한 획을 그은 독일의 수학자 힐베르트는 무한의 개념을 호텔로 설명했다고요? 필즈는 왜 수학상을 만들려고 했을까요? 함께 알아보아요.

페르마의 '마지막 정리'가 사람을 살렸다고요?

$$\nexists\, x, y, z, n \in \mathbb{Z} \setminus \{0\}:$$
$$n>2 \wedge x^n+y^n=z^n$$

▲ 페르마의 '마지막 정리'
3차 이상의 제곱수를 같은 차수의 제곱수의 합으로 나타내는 것은 불가능하다.
($Z^n \neq X^n + Y^n$). n=1, 2인 경우는 성립(n>2)

17세기에 프랑스 툴루즈 지방 법원의 법관을 지낸 페르마(1601~1665)는 '마지막 정리'라는 수학 문제를 남겼어요. 페르마가 법관으로 있을 때, 법관들은 사람들을 자유롭게 만날 수 없었어요. 아는 사람을 만났을 때 법관이 정확한 판단을 할 수 없다는 이유였어요. 그래서 페르마는 서른 살쯤부터 혼자 수학 공부를 시작했어요.
페르마는 자기가 발견한 내용을 알리지 않고 세상을 떠났는데, 그 뒤 페르마의 아들이 아버지의 유고집을 엮으며 그 업적이 알려지게 되었어요.

특히 페르마는 '마지막 정리'라는 어려운 수학 문제를 남겼어요.
많은 수학자들이 '페르마의 마지막 정리'를 풀기 위해 매달렸지요. 1908년 독일의 볼프스켈이 '페르마의 마지막 정리'를 푼 사람에게 10만 마르크의 상금을 주기로 했어요. 볼프스켈은 여자 친구에게 실연을 당한 뒤 죽기로 결심하고 죽을 날짜를 정해 놓았어요. 그런데 '페르마의 마지막 정리'를 발견하고 너무 열심히 푸느라 그 날짜를 넘겨 버리고 말았던 거예요. 볼프스켈은 '페르마의 마지막 정리'가 자신의 목숨을 살렸다고 생각해 볼프스켈상을 만들었답니다. 이 상은 만들어진 지 90여 년 뒤인 1997년 영국의 수학자인 앤드루 와일스에게 돌아갔어요.
'페르마의 마지막 정리'는 세상에 나온 지 350여 년 만에야 그 비밀이 풀린 수학 문제랍니다.

무한의 개념을 호텔로 설명한 힐베르트

▲ 힐베르트의 업적은 수학의 거의 모든 부분에 미치고 있어요.

독일의 수학자 다비드 힐베르트(1862~1943)는 '무한'을 설명하기 위해 〈힐베르트 호텔〉을 만들었어요.
"무한개의 방이 있는 호텔이 있습니다. 이 호텔에 투숙객이 꽉 차 빈방이 없는데 새로운 손님이 찾아옵니다. 이럴 때 빈방을 만드는 방법은 무엇일까요?"
"이봐요, 힐베르트 씨. 방이 꽉 찼는데 빈방을 어떻게 만듭니까?"
"투숙객들에게 옆방으로 한 칸씩 이동해 달라고 부탁하면 됩니다. 그렇게 하면 새로 온 손님은 1호실에 들어갈 수 있지요."

'무한'은 끝이 없어요. 〈힐베르트 호텔〉은 '무한'의 성질을 가장 잘 보여 주는 예로 손꼽힌답니다. 오랫동안 수학 연구에 빠져 있던 힐베르트는 복잡한 물리학 이론인 일반 상대성 이론과 양자 역학의 수학적 토대를 만드는 데 커다란 역할을 했답니다. 힐베르트는 23개의 수학 문제를 만들어 내놓았어요. 그 가운데 10여 개의 문제는 풀렸지만, 나머지 문제들은 부분적으로 풀리거나 전혀 해결되지 못했답니다.

필즈상은 수학의 노벨상이라고요?

캐나다의 수학자인 필즈(1863~1932)는 수학의 발전을 위해 누구보다 힘쓴 사람이에요. 그는 수학이 중요한 학문인데도 세계적인 상이 없는 게 속상했어요. 1901년에 처음 상을 준 노벨상에는 화학상, 문학상, 평화상, 물리학상, 생화학·의학상은 있는데 수학상은 없었답니다. 필즈는 노벨상만큼 훌륭한 수학상을 만들기 위해 노력했어요. 마침내 1932년 취리히에서 열린 국제 수학자 회의에서 필즈상이 만들어졌고, 1936년 그가 남긴 유산을 기반으로 처음 메달이 주어졌어요. 필즈상은 1950년에 다시 시작되어 4년마다 수학에 중요한 공헌을 한 40세 이하의 젊은 수학자 2명에서 4명에게 주어지고 있어요. 필즈상은 '수학의 노벨상'이라고 불리는 뜻깊은 상이랍니다.

▲ 필즈는 노벨상에 버금가는 수학상인 필즈상을 만들었어요.

EQ 휴먼 파워
교과 수록 및 연계 전 60권

01 도전! 세계 최고 기록 〈주제 _ 기네스북〉
초등 국어 4-1 읽기 1. 생생한 느낌 그대로 28쪽 / 초등 국어 4-1 읽기 2. 정보를 찾아서 29~49쪽 / 초등 국어 5-1 읽기 2. 정보의 탐색 35~56쪽

02 7대 불가사의는 어떻게 만들었을까? 〈주제 _ 7대 불가사의〉
초등 사회 6-2 2. 세계 여러 지역의 자연과 문화 52~77쪽 / 중등 역사(상) Ⅰ. 문명의 형성과 고조선의 성립, 두산동아 22~24쪽, 미래엔 23~24쪽, 교학사 24~28쪽, 비상교육 30~33쪽, 지학사 23~26쪽, 천재교육 24~26쪽 / 중등 사회 1학년 Ⅲ. 다양한 지형과 주민 생활, 금성 84쪽, 대교 79쪽, 교학사 85쪽

03 세계의 미스터리 사건들 〈주제 _ 미스터리〉
초등 과학 4-2 2. 지층과 화석 64~65쪽, 4. 화산과 지진 135~143 / 초등 생활의 길잡이 4-2 4. 우리가 지키는 푸른 별 92~93쪽 / 초등 과학 5-1 1. 지구와 달 35쪽 / 초등 과학 5-2 4. 태양계와 별 139쪽 / 중등 사회 1학년 2. 인간 거주에 유리한 지역, 두산동아 44쪽 / 중등 과학 2학년 5. 태양계, 천재교육 188쪽

04 앗, 세상에 이런 일이! 〈주제 _ 서프라이즈〉
초등 국어 5-1 읽기 2. 정보의 탐색 35~55쪽, 5. 사실과 발견 97~126쪽 / 초등 사회 6-2 2. 세계 여러 지역의 자연과 문화 52~77쪽 / 중등 역사(상) Ⅵ. 조선의 성립과 발전, 지학사 205쪽

05 장님이 왜 손전등을 들었을까? 〈주제 _ 두뇌 퍼즐〉
초등 국어 2-1 국어 ③-가 3. 이렇게 보아요 70~86쪽, 국어 활동 ③-가 60~73쪽 / 초등 국어 4-1 3. 이 생각 저 생각 51~69쪽 / 초등 국어 5-1 읽기 5. 사실과 발견 97~125쪽 / 초등 국어 5-2 읽기 2. 사건의 기록 31~53쪽 초등 국어 6-2 읽기 6. 생각과 논리 137~159쪽

06 교과서에서 뽑은 알짜배기 상식 〈주제 _ 교과서 상식〉
국어 활동 ①-나 8. 겪은 일을 써요 162쪽 / 국어 ③-나 11. 재미가 새록새록 323~324쪽 / 통합교과 1-1 여름 1 1. 여름이 왔어요 18~21쪽, 가족 1 1. 우리 가족 46~47쪽 / 통합교과 2-1 가족 2 1. 친척 20~29쪽, 나 2 1. 나의 몸 30~33, 36~41, 50~53쪽 / 국어 3-1 듣기·말하기·쓰기 4. 마음을 전해요 65, 67쪽 / 사회 5-1 1. 하나 된 겨레 23~25, 42~44쪽

07 교과서에서 뽑은 알짜배기 속담 〈주제 _ 교과서 속담〉
초등 국어 ①-나 / 초등 국어 1학년 2학기 / 초등 국어 ③-가 / 초등 국어 활동 ③-나 / 초등 국어 3학년~6학년

08 똥딴지는 어디에서 나온 말일까? 〈주제 _ 말의 유래〉
초등 국어 3-1 듣기·말하기·쓰기 8. 우리끼리 오순도순 139~148쪽 / 초등 국어 3-2 듣기·말하기·쓰기 4. 차근차근 하나씩 69~84쪽 / 초등 국어 4-1 읽기 8. 같은 말이라도 149~161쪽, 우리말 꾸러미 167쪽 / 초등 국어 5-1 읽기 3. 생각과 판단 57~80쪽 / 초등 국어 5-2 듣기말하기쓰기 우리말 꾸러미 158쪽

09 세상을 여는 열쇠 〈주제 _ 문자〉
초등 국어 3-1 읽기 4. 마음을 전해요 72~73쪽 / 초등 국어 6-2 읽기 5. 언어의 세계 115~136쪽 / 중등 역사(상) Ⅰ. 문명의 형성과 고조선의 성립, 미래엔 24, 28쪽, 교학사 27쪽, 지학사 24쪽, 천재교육 24쪽 / 중등 역사(상) Ⅵ. 조선의 성립과 발전, 두산동아 162~163쪽, 대교 202~203쪽, 비상교육 190쪽

10 정치를 잘해야 나라가 산다 〈주제 _ 정치〉
초등 사회 4-1 2. 주민 참여와 우리 시·도의 발전 56~73쪽 / 초등 사회 6-2 1. 우리나라의 민주 정치 10~27쪽 / 중등 사회 1학년 Ⅹ. 인권보호와 헌법, 비상교육 271~273쪽, 교학사 261~267쪽, 천재교육 266~271쪽

11 법을 알아야 법대로 하지 〈주제 _ 법률〉
초등 사회 6-2 1. 우리나라의 민주 정치 20~45쪽 / 중등 사회 1학년 Ⅸ. 우리의 생활과 법, Ⅹ. 인권보호와 헌법, 비상교육 230~284쪽, 교학사 226~269쪽 / 중등 역사(상) Ⅰ. 문명의 형성과 고조선의 성립, 두산동아 23쪽, 미래엔 23쪽, 지학사 24쪽

12 종소리가 에밀레 에밀레? 〈주제 _ 문화유산〉
초등 국어 3-1 읽기 4. 마음을 전해요 72~73쪽 / 초등 국어 4-1 읽기 5. 알아보고 떠나요 95~97쪽, 7. 넓은 세상 많은 이야기 134~139쪽, 같은 말이라도 149~161쪽 / 초등 사회 5-1 1. 하나 된 겨레 21~22, 42~44, 51쪽 / 초등 국어 5-2 읽기 5. 우리가 사는 세상 94~98쪽 / 초등 사회 5-2 3. 우리 겨레의 생활 문화 136쪽

13 널뛰고 그네 타고 제기 차고 〈주제 _ 민속〉
초등 사회 3-2 3. 다양한 삶의 모습 94~111쪽 / 초등 국어 4-2 읽기 2. 하나씩 배우며 30쪽 / 초등 사회 5-2 3. 우리 겨레의 생활 문화 126~129쪽 / 초등 사회 6-1 1. 우리 국토의 모습과 생활 16~24쪽

14 철썩! 뺨 때리는 게 인사라고? 〈주제 _ 세계 풍속〉
통합교과 2-1 가족2 ② 다양한 가족 74~77쪽 / 초등 사회 3-2 3. 다양한 삶의 모습 113~117쪽 / 초등 생활의 길잡이 3-2 3. 함께 어울려 살아요 56쪽 / 초등 도덕 6학년 7. 다양한 문화 행복한 세상 128~145쪽 / 초등 사회 6-2 2. 세계 여러 지역의 자연과 문화 50~87쪽

15 미키 마우스는 다락방 생쥐였다 〈주제 _ 애니메이션〉
통합교과 2-1 나2 ②. 나의 꿈 82~85쪽 / 초등 국어 3-1 듣기·말하기·쓰기 7. 이야기의 세계 119쪽 / 초등 국어 3-2 읽기 7. 마음을 읽어요 119~139쪽 / 초등 사회 5-2 1. 우리나라의 경제 성장 35쪽

16 모기 눈알 요리와 독거미구이 〈주제 _ 세계 음식〉
통합교과 2-1 가족2 ② 다양한 가족 74~77쪽 / 초등 사회 3-2 3. 다양한 삶의 모습 90, 104~111쪽 / 초등 사회 6-2 2. 세계 여러 지역의 자연과 문화 78~84쪽

17 남자가 뾰족구두를 신었다? 〈주제 _ 패션〉
통합교과 2-1 가족2 ② 다양한 가족 74~77쪽 / 초등 사회 3-2 3. 다양한 삶의 모습 116쪽 / 초등 사회 6-2 2. 세계 여러 지역의 자연과 문화 56, 62~63쪽

18 뭐니 뭐니 해도 머니! 〈주제 _ 돈과 경제〉
초등 사회 4-2 1. 경제생활과 바람직한 선택 8~49쪽 / 중등 사회 3학년 2. 민주 시민과 경제 생활 금성 42~67쪽, 교학사 40~61쪽, 지학사 42~69쪽, 디딤돌 46~75쪽

19 역사를 바꾼 명언들 〈주제 _ 세계 명언〉
초등 국어 5-2 6. 깊은 생각 바른 판단 127~158쪽 / 초등 국어 6-1 읽기 2. 정보와 이해 38~41쪽 / 초등 국어 6-2 듣기·말하기·쓰기 6. 생각과 논리 122쪽 / 중등 국어 2-2 부록, 교학사 254쪽 / 중등 도덕 3학년 Ⅳ. 삶과 종교, 미래엔컬처그룹 199쪽

20 역사 속 라이벌들의 한판 대결 〈주제 _ 역사 한 마당〉
초등 사회 5-1 1. 하나 된 겨레 42~44쪽 / 2. 다양한 문화를 꽃피운 고려 61~64쪽 / 3. 유교 전통이 자리 잡은 조선 101, 129~130쪽 / 중등 역사(상) Ⅱ. 통일 신라와 발해, 두산동아 74, 91~93쪽, 미래엔 86, 111~119쪽, Ⅴ. 고려 사회의 변천, 두산동아 122, 130~131쪽, Ⅵ. 조선의 성립과 발전, 비상교육 176, 208쪽, 천재교육 207쪽

21 역사를 바꿔 놓은 전쟁들 〈주제 _ 세계 전쟁〉
초등 사회 5-1 3. 유교 전통이 자리 잡은 조선 129~130쪽 / 중등 사회 2학년 Ⅰ. 유럽 세계의 형성, 교학사 14쪽, 동화사 13, 15쪽, Ⅳ. 현대 세계의 전개, 교학사 98~99, 106쪽 중등 역사(상) Ⅵ. 조선의 성립과 발전, 두산동아 171~172쪽, 미래엔 202쪽 / 중등 역사(하) Ⅶ. 현대 세계의 전개, 대교 190~205쪽, 교학사 195~211쪽

22 칭기즈 칸은 겁쟁이였다 〈주제 _ 단점 극복〉
통합교과 2-1 나2 ②나의 꿈 82~87쪽 / 초등 도덕 6학년 1. 귀중한 나, 참다운 꿈 8~19쪽 / 6. 용기, 내 안의 위대한 힘 108~124쪽 / 중등 도덕 2학년 Ⅰ. 일과 배움, 미래엔 60~70쪽, 천재교육 66~77쪽

23 나무아미타불, 아멘, 오! 알라 〈주제 _ 세계 종교〉
초등 사회 5-2 3. 우리 겨레의 생활 문화 132~134쪽 / 초등 도덕 6학년 8. 공정한 생활 158쪽 / 10. 참되고 숭고한 사랑 189, 191~192쪽

24 알에서 태어난 왕이 있다고? 〈주제 _ 난생 신화〉
초등 사회 5-1 3. 삼국의 성립과 발전 27~28쪽 / 중등 역사(상) Ⅱ. 삼국의 성립과 발전, 두산동아 42~55쪽, 미래엔 39쪽

25 올림포스의 신과 영웅 〈주제 _ 그리스 신화〉
중등 도덕 1학년 Ⅰ. 도덕적 주체로서의 나, 미래엔 15쪽 / 중등 역사(상) Ⅶ. 통일 제국의 형성과 세계 종교의 등장, 교학사 233쪽, 대교 234쪽, 비상교육 243쪽

26 신화와 전설로 피어난 꽃들 〈주제 _ 꽃말의 유래〉
통합교과 1-1 봄1 ① 봄맞이 22~25쪽 / 초등 과학 4-2 1. 식물의 세계 20~49쪽

27 별이 된 엄마 곰과 아기 곰 〈주제 _ 별자리 이야기〉
통합교과 1-1 여름1 ②여름 방학 66~69쪽 / 초등 국어 4-1 듣기·말하기·쓰기 1. 생생한 느낌 그대로 16~19쪽 / 초등 과학 5-2 4. 태양계와 별 146~153쪽

28 위인들이 띄운 특별한 편지 〈주제 _ 위인들의 편지〉
초등 생활의 길잡이 4-1 1. 바른 마음 곧은 마음 24쪽 / 초등 도덕 6학년 8. 공정한 생활 159쪽 / 초등 사회 6-2 1. 우리나라의 민주 정치 38~42쪽 / 중등 역사(상) Ⅸ. 교류의 확대와 전통 사회의 발전, 천재교육 333쪽

29 맹자 가라사대 칸트야 〈주제 _ 세계의 철학자〉
초등 도덕 4-1 1. 바른 마음 곧은 마음 8~27쪽 / 초등 도덕 5학년 6. 돌아보고 거듭나고 111쪽, 7. 참된 아름다움 128~139쪽 / 초등 생활의 길잡이 5학년 2. 감정, 내 안에 있는 친구 25쪽 / 중등 도덕 3학년 Ⅲ. 인간의 존엄성과 인권, 디딤돌 72쪽